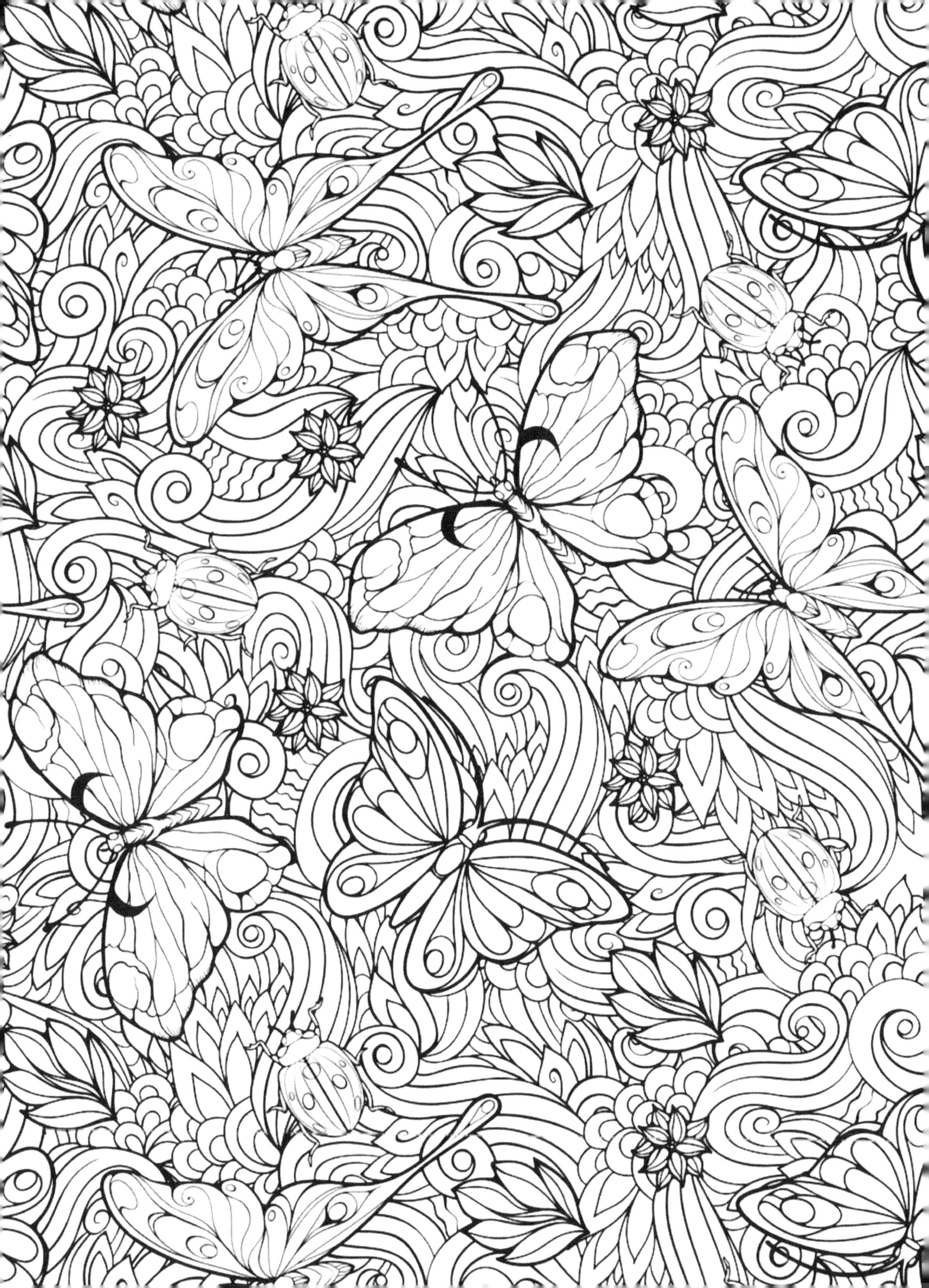

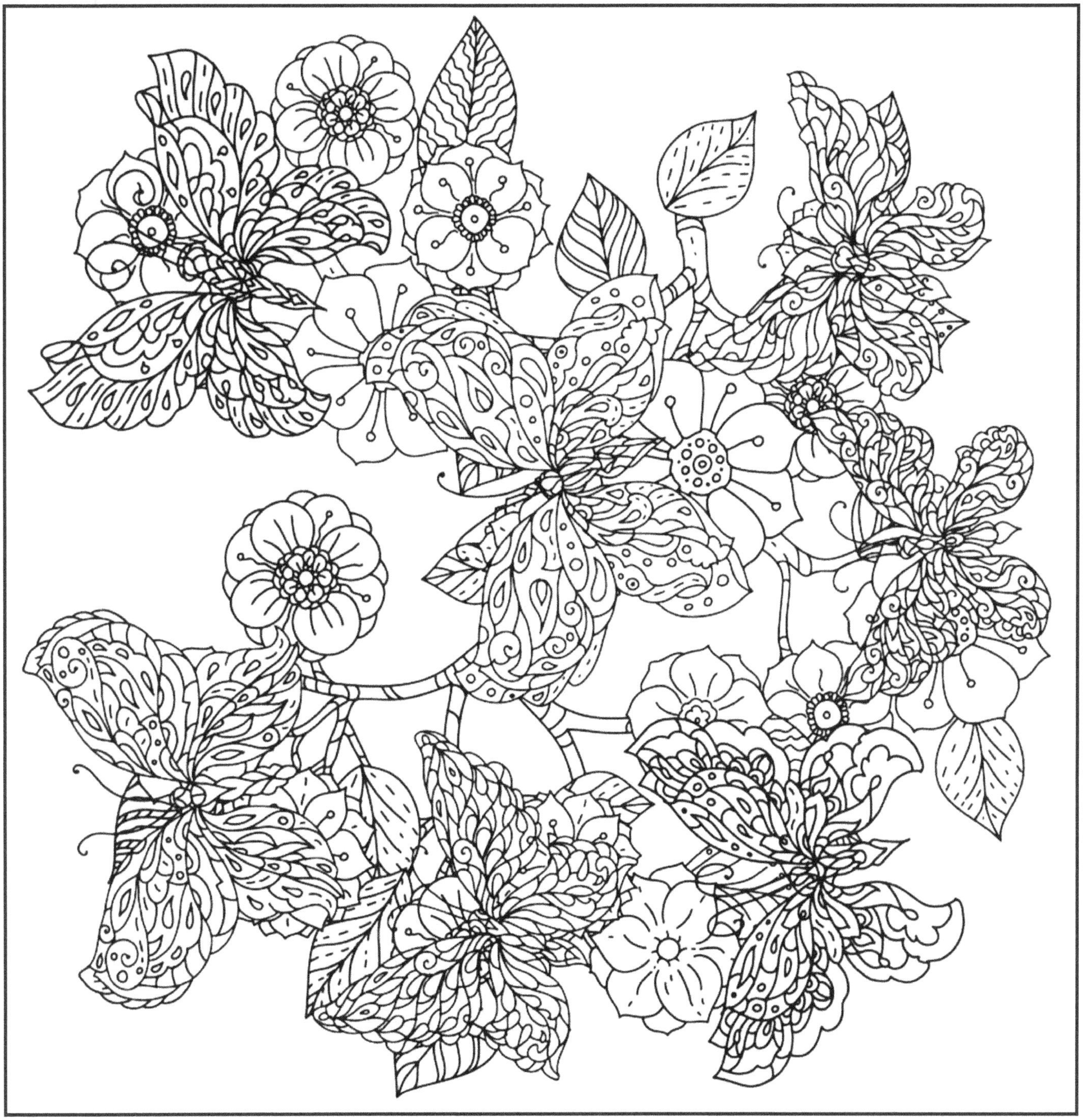

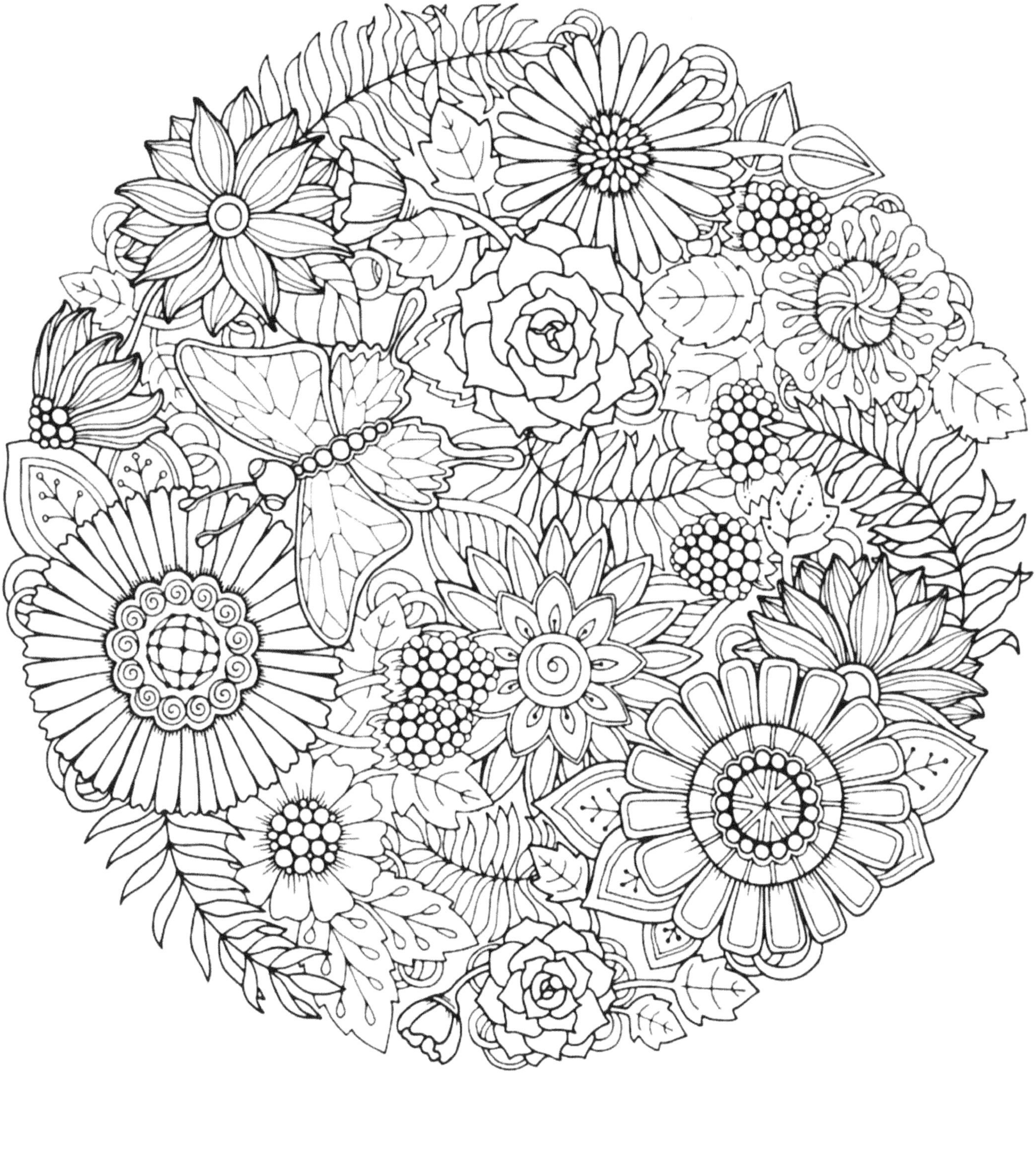

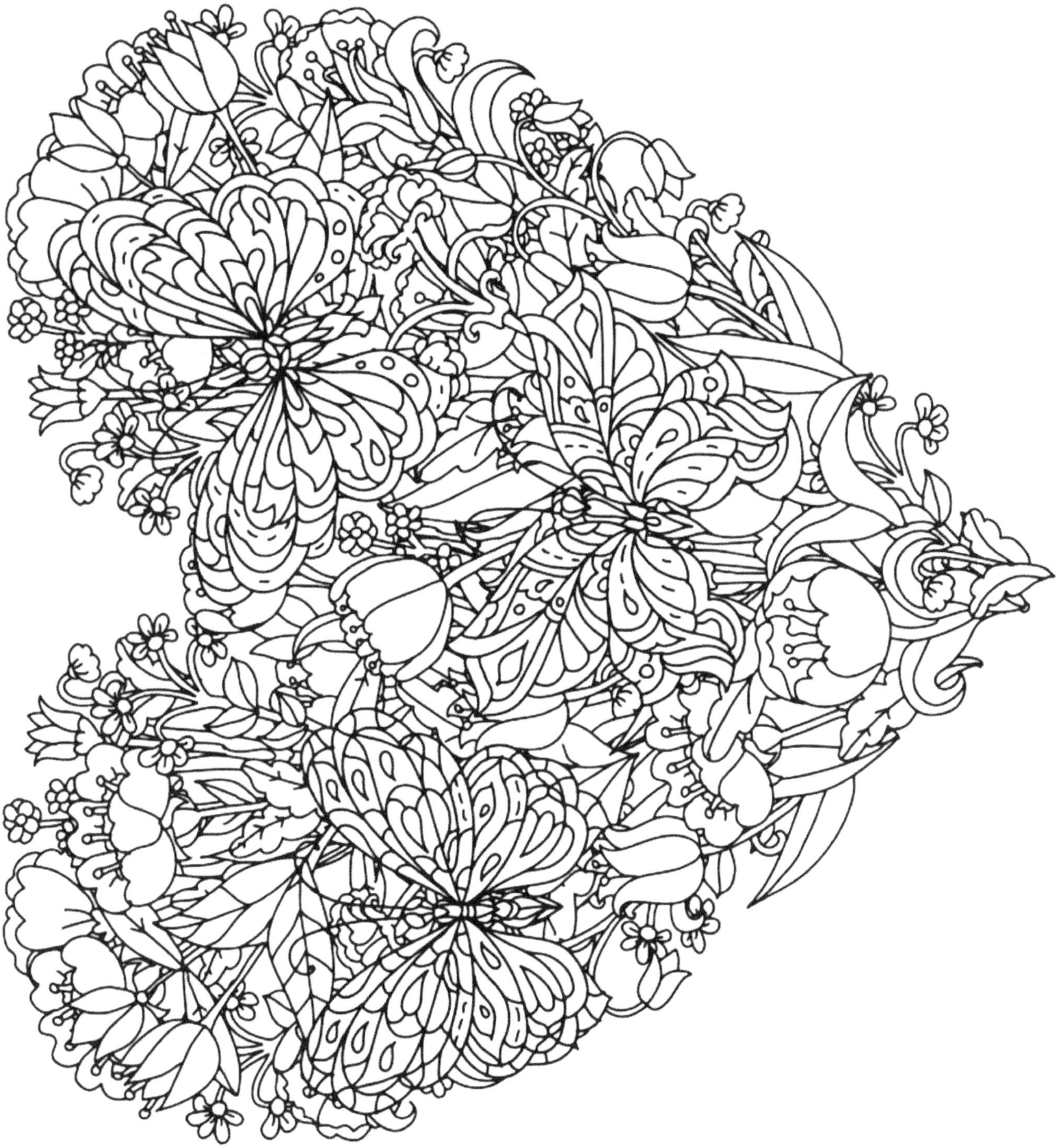

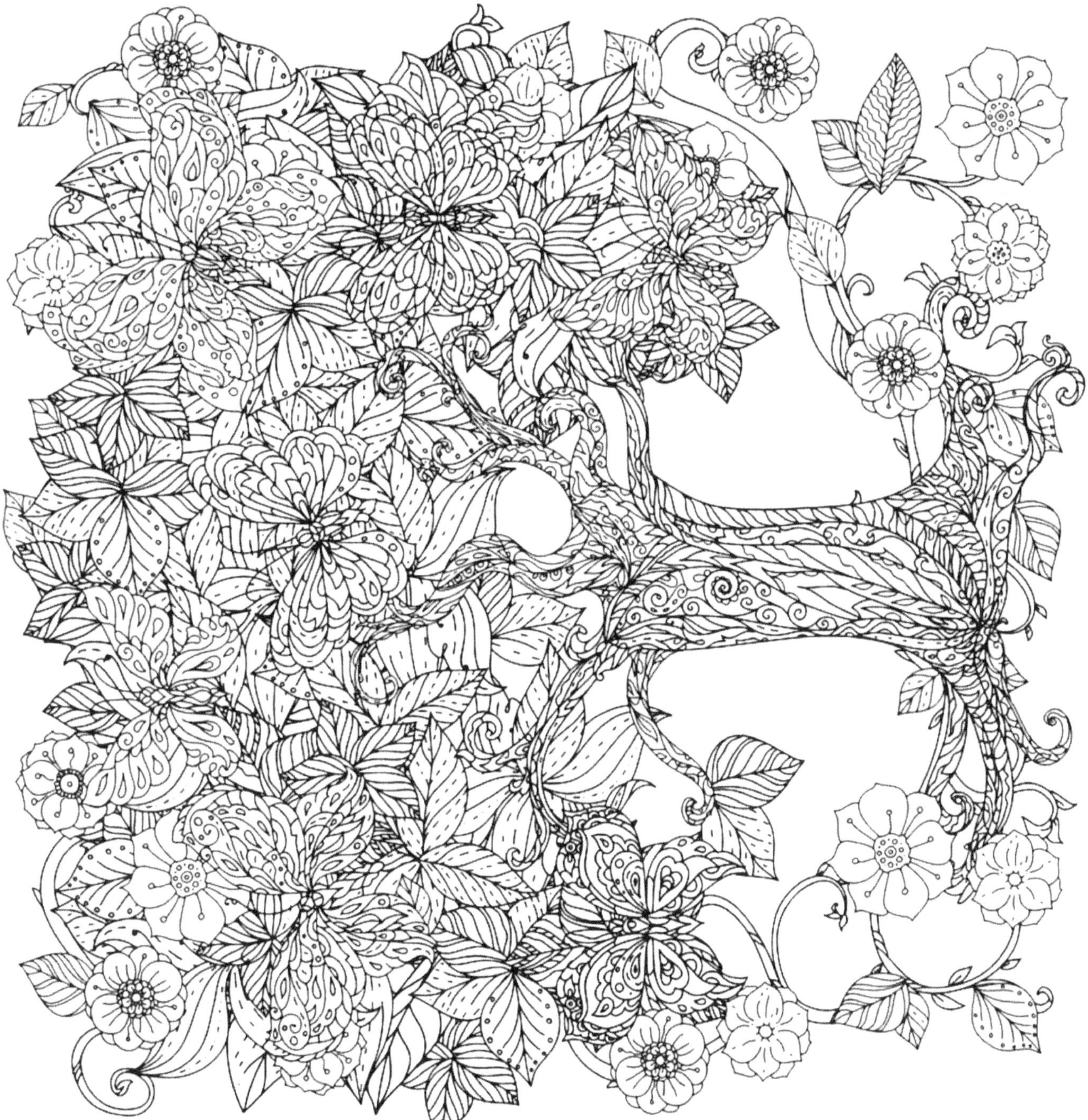

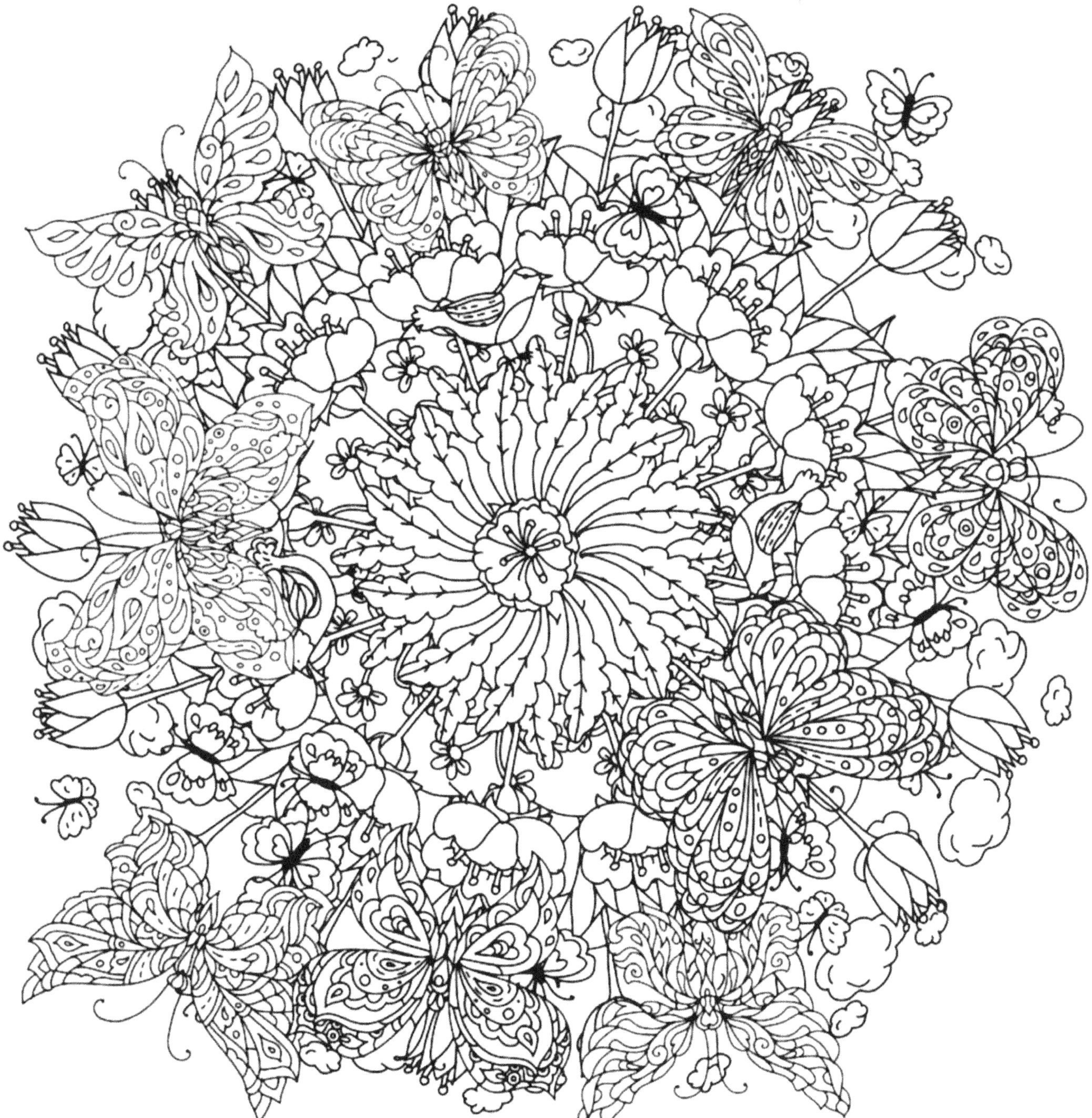

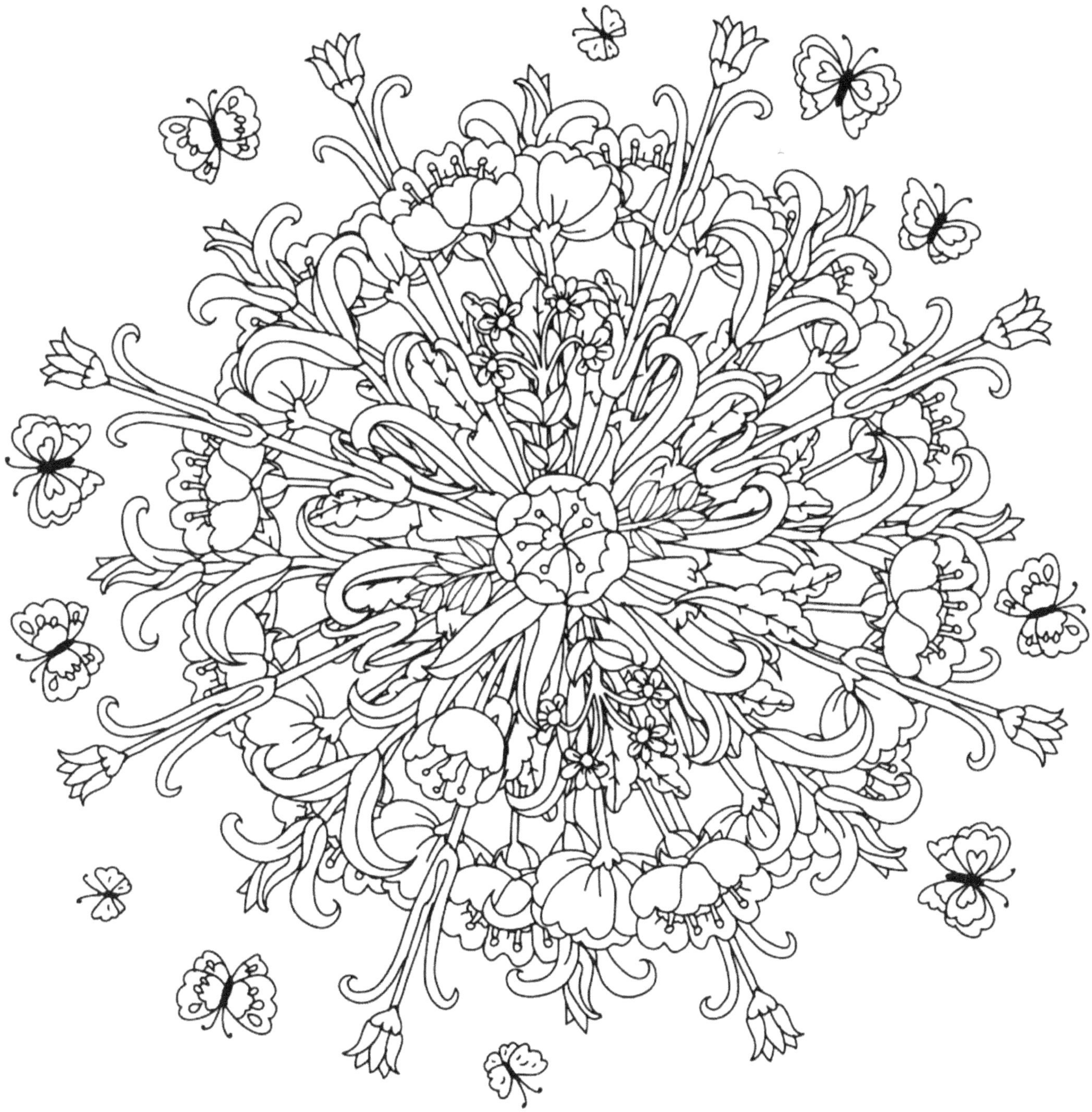

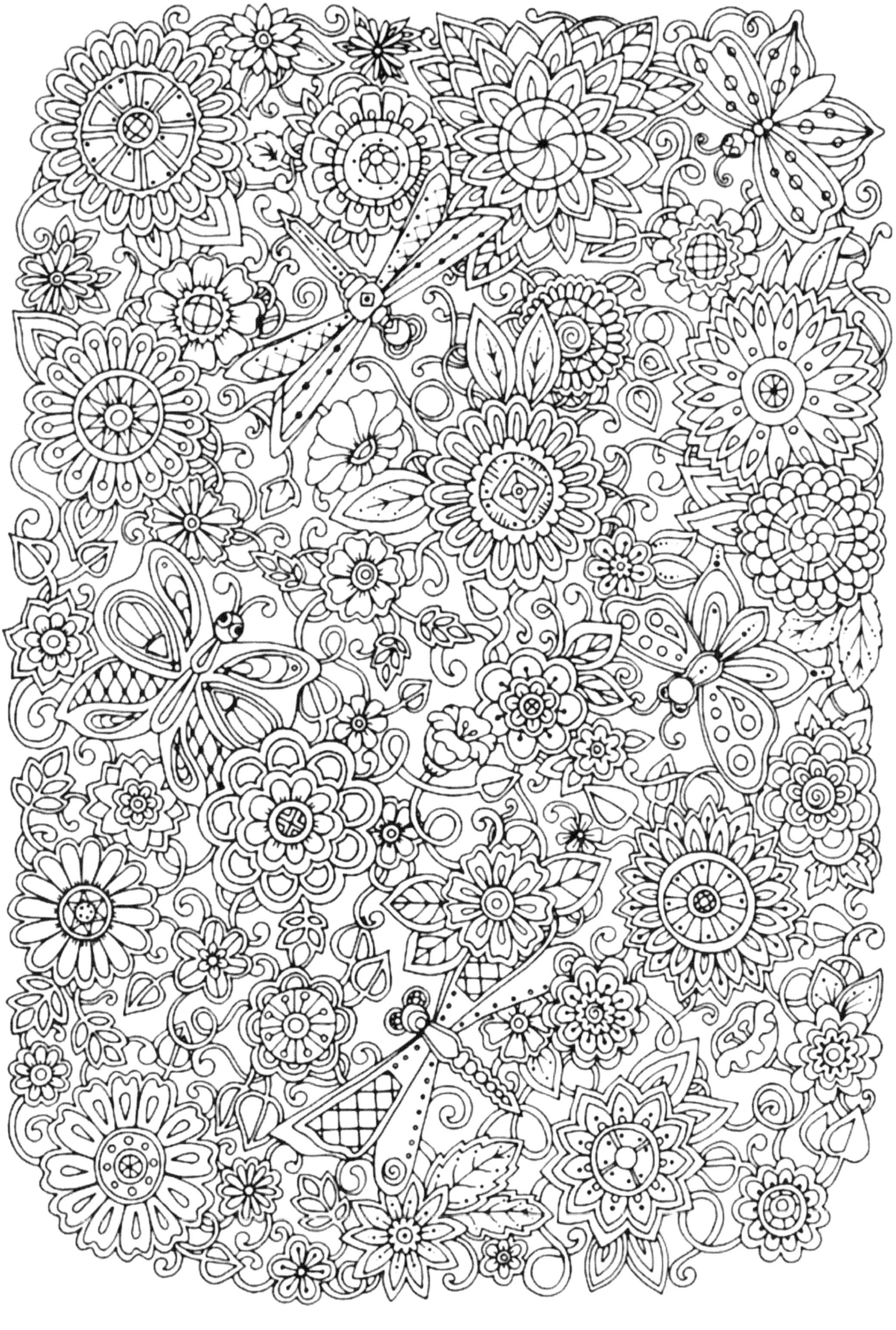

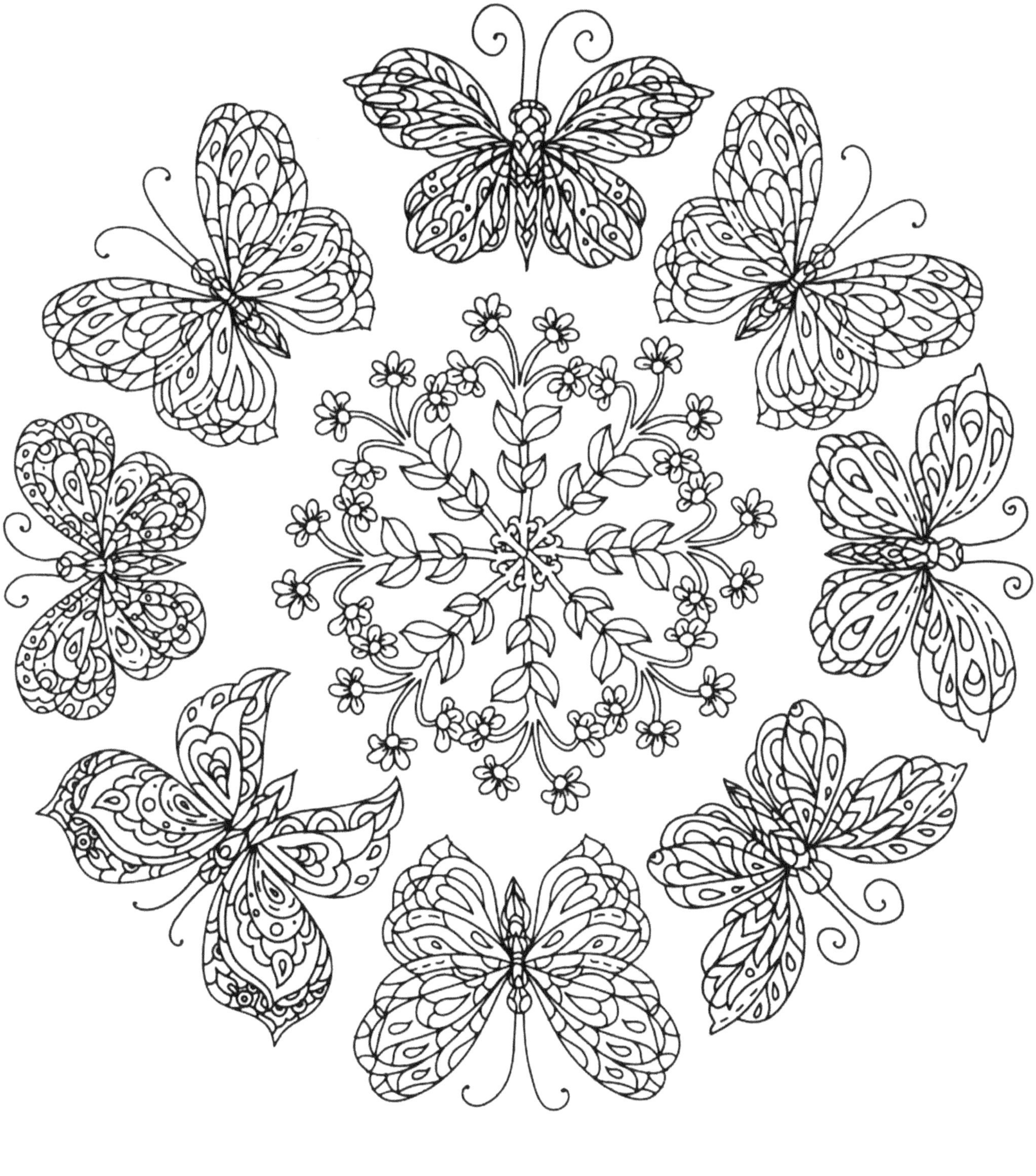

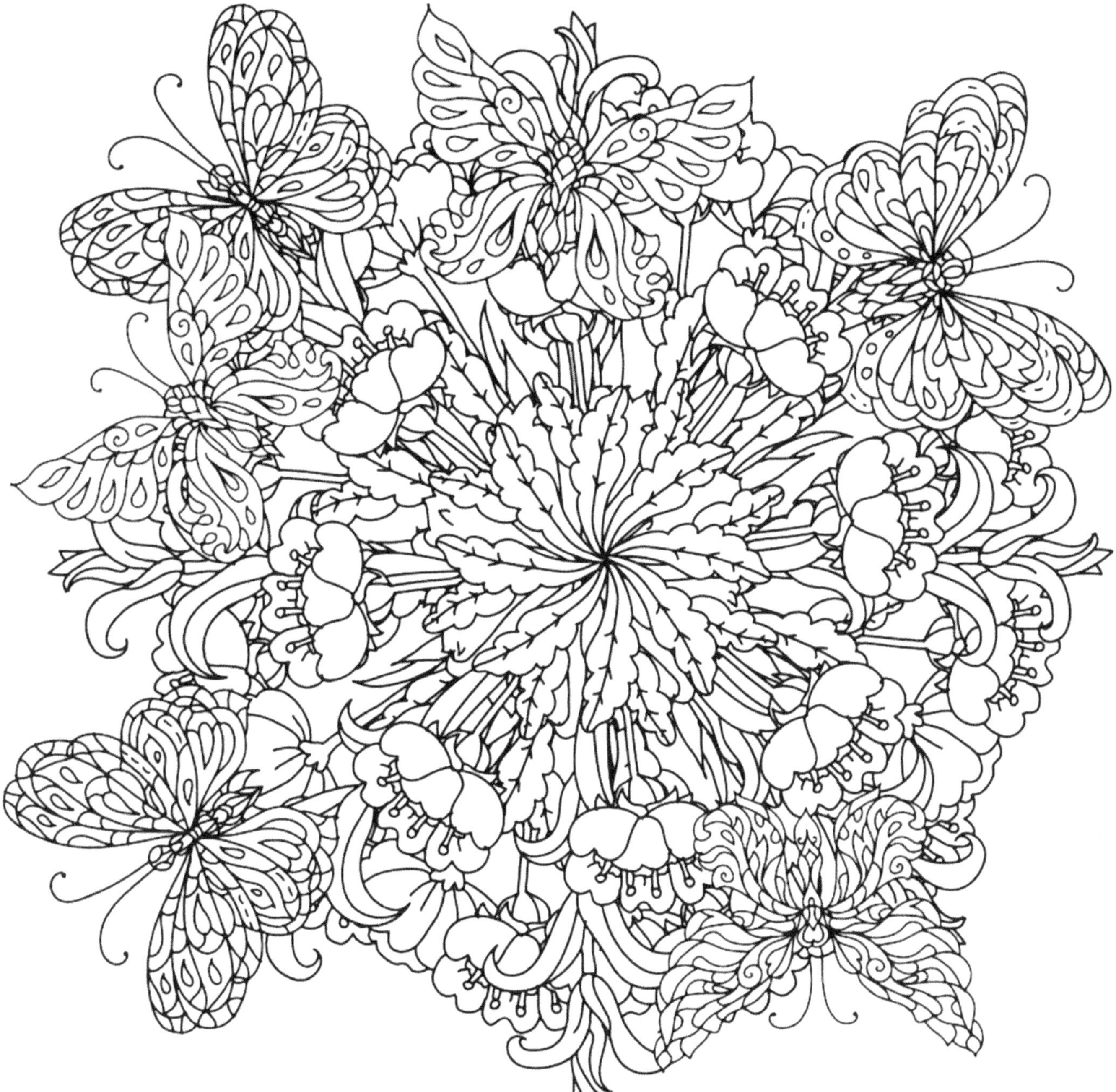

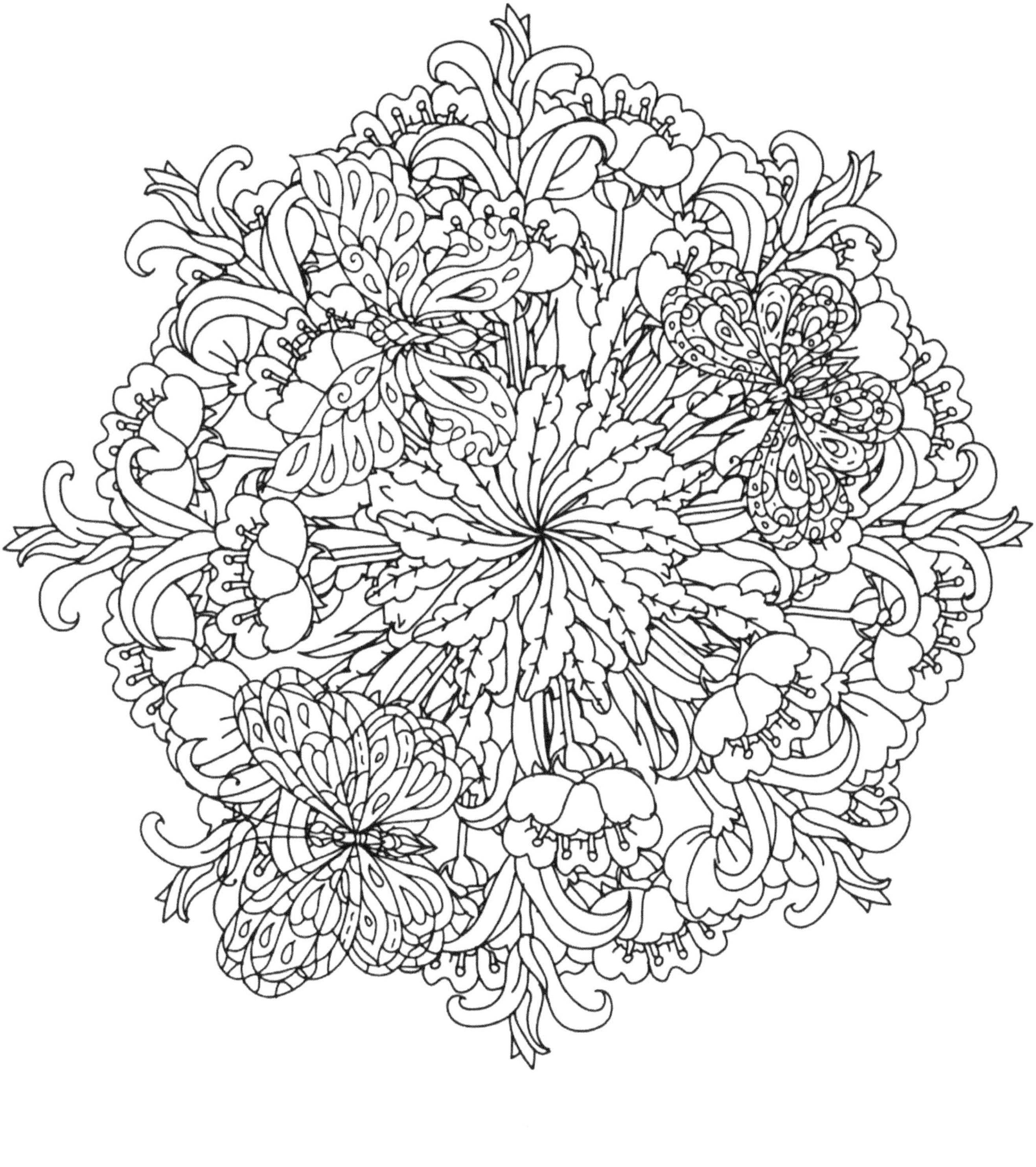

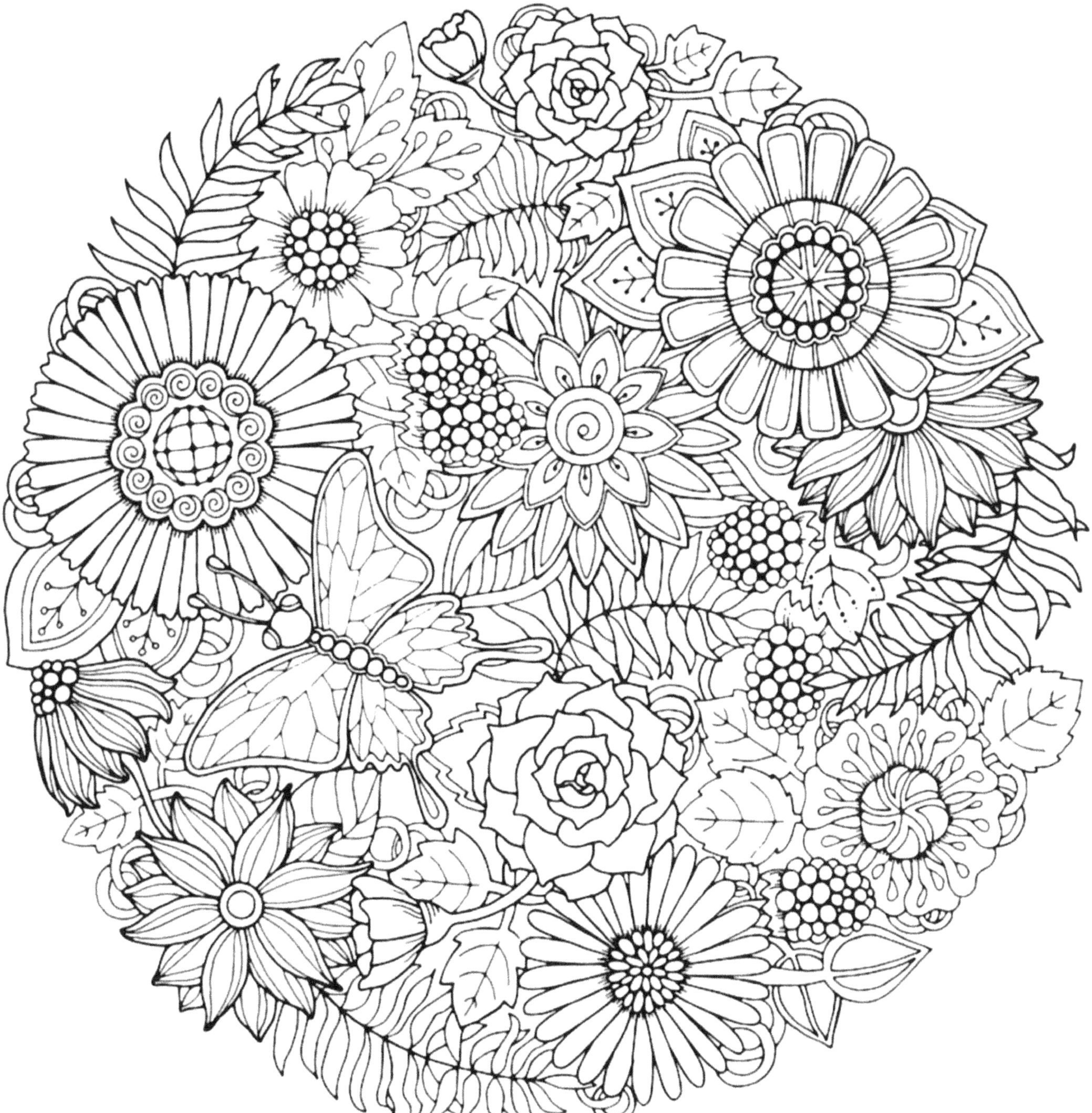

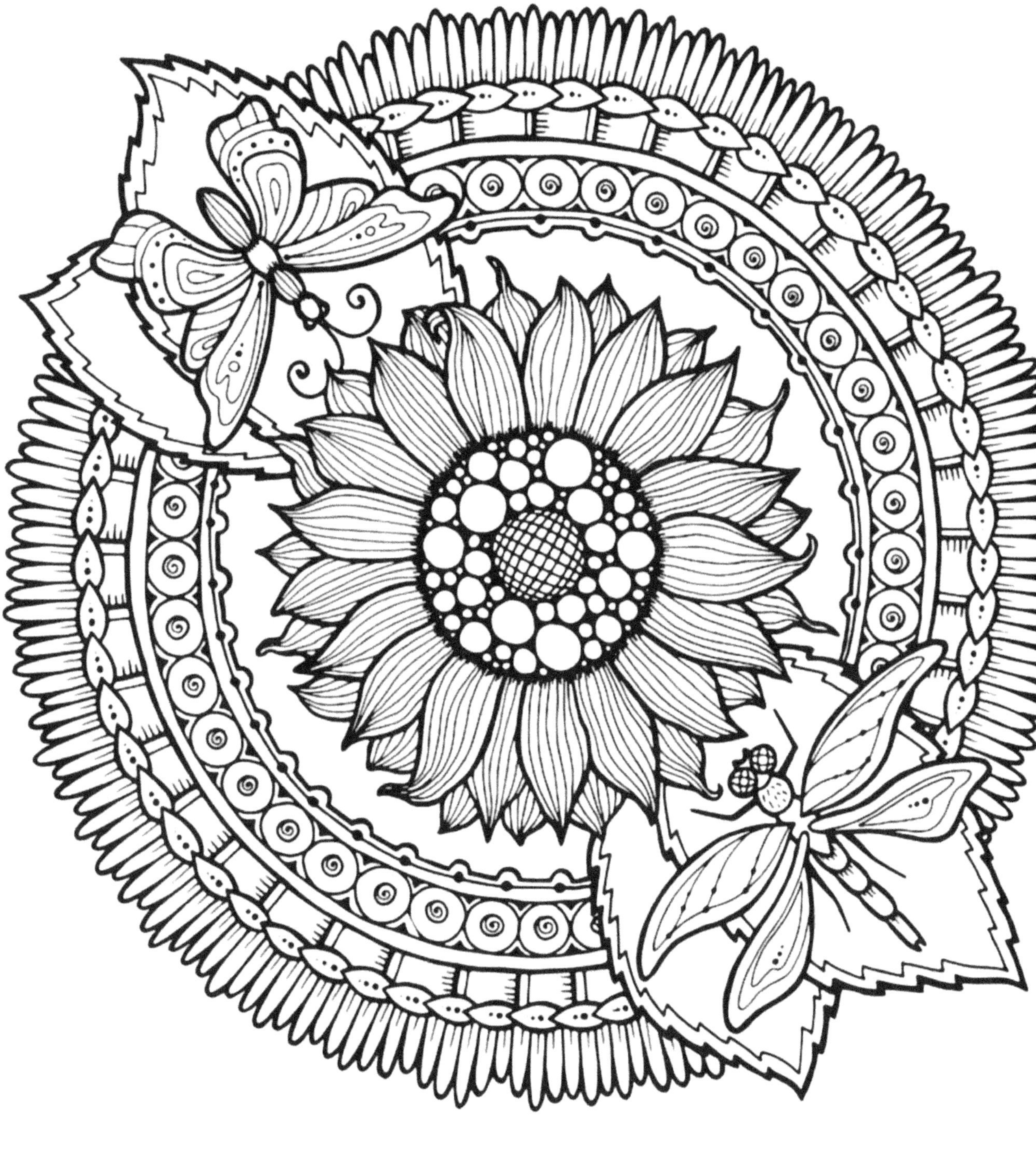

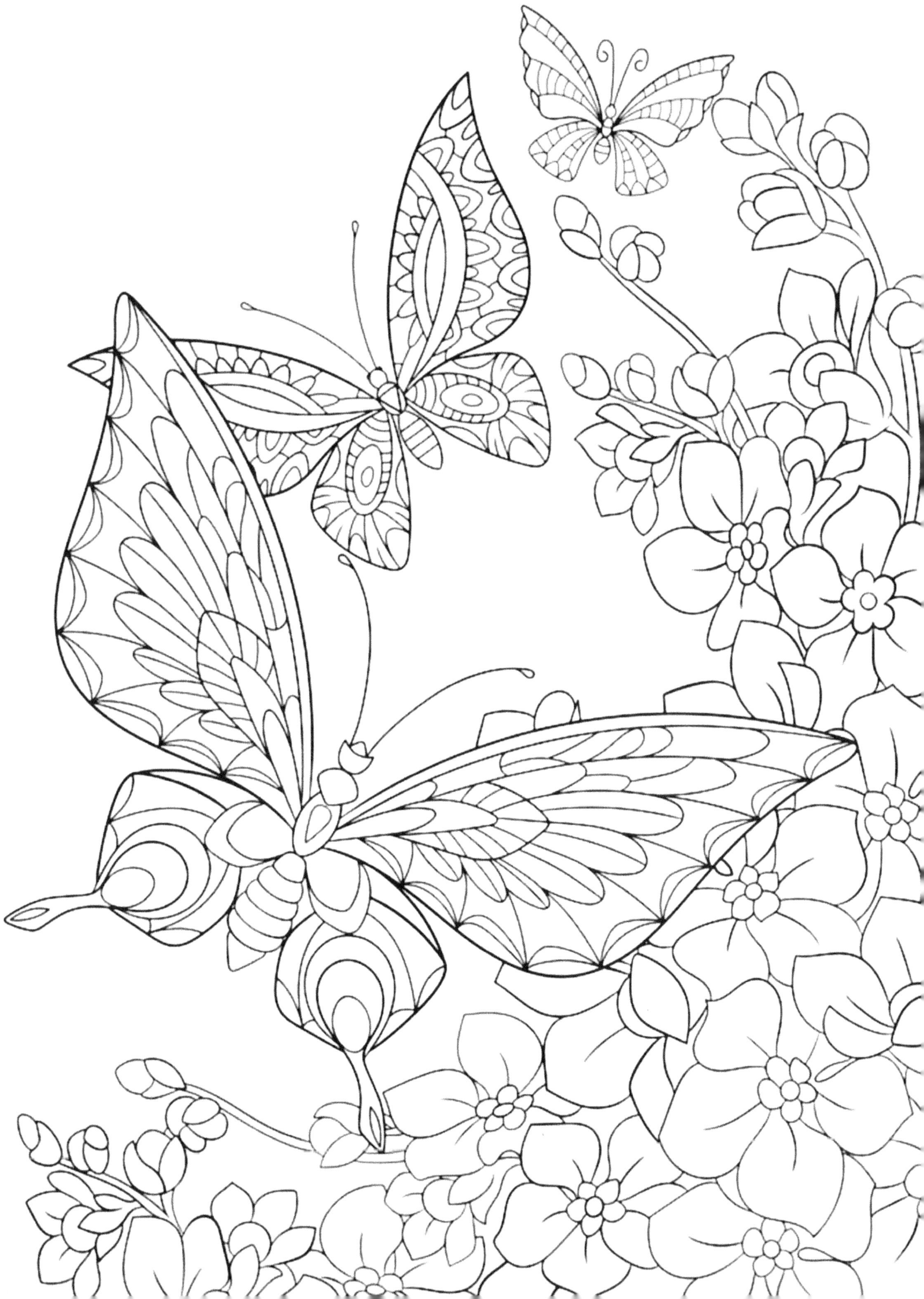

www.ingramcontent.com/pod-product-compliance
Lightning Source LLC
Chambersburg PA
CBHW080532190526
45169CB00008B/3135
* 9 7 8 1 5 3 5 3 1 3 8 6 5 *